Carcaj : Vislumbres

La autora agradece especialmente a la
Fundación Civitella Ranieri, cuyo apoyo
permitió que se esbozaran muchos de estos
poemas.

Primera edición: mayo 2014

© Mercedes Roffé, 2014

© Vaso Roto Ediciones, 2014
ESPAÑA
C/ Alcalá 85, 7º izda.
28009 Madrid
MÉXICO
Apartado Postal 443, Col. Del Valle
San Pedro Garza García, N. L., 66220

vasoroto@vasoroto.com
www.vasoroto.com

Diseño de colección: Josep Bagà
Dibujo de cubierta: Víctor Ramírez

Quedan rigurosamente prohibidas sin la
autorización de los titulares del copyright,
bajo las sanciones establecidas por las leyes,
la reproducción total o parcial de esta obra
por cualquier medio o procedimiento.

Impreso en España
Imprenta: Kadmos
ISBN: 978-84-15168-27-0
BIC: DCF
Dep. legal: M-6874-2014

Mercedes Roffé
Carcaj : Vislumbres

Vaso Roto Ediciones

Parte 1

I

en sueños
contempla la maniobra
incierta
de algo / alguien
más allá de lo humano
o aún por serlo

funámbulo
transitando
de puntillas
esa cuerda dudosa
de lo real a lo irreal

no es que dude

es que derrama
desde lo alto
una tinta salobre
—esquirlas
de lo azul alboreado
herido
de púrpura
vitrificado

*

pero volvamos
al soñador
del sueño
en su apaciguado relente

¿lo empujará?
¿lo hará caer?
¿hacia qué lado?

¿acaso hay lado
posible
en el fortuito
territorio del sueño?

y sin embargo
cae
el equilibrista

no el soñador

ni pájaro ni dios ni hombre
o aún por serlo

II

¿humanos?
¿comediantes?
estupefacta complacencia aliada a inimaginables resacas,
/ maravillas

imagínate,
una mampostería de palabras engastada en un mundo repulsivo
campanillas inmutablemente afinadas

un vientre único sumido
en su vellosa arquitectura
su humor
la sangre
el símbolo
lo silente

su propia cuenca bravía
re(pro)duciéndose
bajo el polvo callado

III

cuando se abrieron las puertas
no hubo
estridencia ni abismo

más bien la exenta
argamasa
roída como un chancro
en cuyo seno
aún late
la memoria de un templo

IV

despacio
    muy despacio

como leer
    como los dedos

como
    el desplazarse
de la memoria en el tiempo

como tantea siempre el pie
    extranjero
en su pregunta
    juicioso y parco y precavido
siempre
prudente
    despacioso

como el rumor se inviste de sentido
y entra en la imperial
          intersección
del azul con lo eterno

V

Estuvo ahí.
Algo era.
El paisaje
   –como un saco raído.
La luz
   –metal amortiguado
     a golpes de luna y de hacha.

Estuvo ahí.

Nadie hablaba.

    O hablaban:

Las miradas se herían.

VI

un puente extendido
de una sílaba a otra

él
tú
ella
no son todas las personas

huellas quizás
de una antigua asamblea
reunida
en honor
de

una grieta
en el seno de lo dicho

lo callado

un atajo
anudando
la ilusión con su espejo

VII

como trazados por los dedos de la fiebre
estos bosques
                estas
arboledas rojizas
conjuran un rumor de hielos
inmolándose en lo oscuro

capricho de un demiurgo otoñal
–viejo vencido–
errática y
suntuosa y
mágica
pesadilla
–quién la crearía–

un volcán invertido
tragándose a sí mismo

un tiempo ensangrentado
devorando a sus hijos

como un perro

y después
    después de todo
(después del verde tierno de la hierba fresca y
    húmeda
–quiero decir–)
¿dónde el venero
        del mundo? ¿dónde

su animoso final?
¿dónde
    la certera batuta
que marcará otro comienzo?

VIII

La diligencia del mago atiende
a aquello que se corresponde:
la niebla con los muros
los cuerpos con los barcos
el tatuaje en el bíceps del aventurero
    / con un cántico herido
o una urna

Oscuras son las formas
de la semejanza

qué es aquí y qué es ahora
vibra
    quizás
en un eterno tránsito suspendido
quizás
en un vertiginoso devenir

fugacidad y permanencia
también
se corresponden
mutuamente   se mecen
cada cual a un extremo
de la vara
de luz
que el presti-
digitador
sostiene
en la punta de sus dedos

su acierto
su *prestige*

IX

la prosperidad del alma
acontece
como acontecen las torres

o esos buques cargados de olvido
que atraviesan
la ronca estepa de la noche

ahhh, la nieve
y las góndolas deslizándose
bajo antorchas de laurel y saúco
embalsamando el aire
(¿quién no habría de cantar?)

chisporroteo + estrellas +
tintinábulos

entretanto
como una cinta
de raso y plata
se devana
un nombre en el cielo

X

magnolias
        como dormidas
palomas terrestres

bebe quieta la boca
redonda
la mancha –ese desdén
de la gaviota segura
    –su rumoroso aleteo

música de los ramos al vibrar
cuando los dedos del ángel tocan
el metal migratorio
del sentido
cuando las barcas del aire
agitan
la imprevista
aborrecencia del fuego

XI

mirada
nube
árbol

nostalgia de ser
    luz en vilo

nombre en sazón
    en sinrazón
de ser

    albricia o tránsito

tránsito o   luz
de ser
    de aparecer

de disolverse

en vilo

XII

chocan
los barcos
sus esquifes
hundidos en la niebla

naves fantasmas

la noche se disipa
en la hondonada

fosa y hedor
donde el bosque
inicia
sus senderos de espuma

XIII

catedrales
que *alguien*
construye
a voluntad

cabañas de humo
donde
se cobija
la espera inexpugnable

a uno y otro lado
se oye
agonizar
un instrumento
tañido por el agua

se arremolina en el aire
el son
luctuoso

se empina
y cae

como caen

tres gotas de sangre
sobre la nieve

XIV

míralas
    blancas y altísimas como atalayas

gloria profunda

iniciales
    de un infinito
    abandonado y anónimo

extravagantemente lúcido
de mañanas

–no de amor

–no de amor

XV

témpano de oro
–el alba–
encalla
en un remoto punto
ciego
incandescente

fuste
una última luna
–su desmayo–
subraya
la dehiscencia del día

insomne
tulipán
desperezándose
ligero

pálida antorcha huyente
suspendidísimo manto

XVI

Como en el sueño también
algo se deslizaba por el cristal
que lo opacaba
algo como una vegetación
densa y acuosa.

A lo lejos,
los muelles revelaban
siniestras
fosforescencias
 –manos, bocas, fuelles, ojos,
cráneos, roncos redobles–
frente a las cuales
la razón –de persistir alguna–
habría
abdicado de sí.

XVII

más allá de los vientos
rumorosos

más allá de la aurora

transitan
dispersos
jirones de una historia

–destellos
resplandores–

arrancada al vacío
(a su voz
a su mudez)

los hila
una mano maestra

o la historia
en sí
impone su ostinato

*

De un modo u otro

tras el alba
o
los rumores del viento
amanece
–diáfano
leve
pertinaz–
un sujeto y su verbo

XVIII

vasijas de la nada
somos
—dijo—
derramándose
en lo oscuro

vejigas de la nada
derramando
—dijo—
orines, óxidos, rubíes

centellas
—dijo—
que en su caída
 (nuestra)
encuentran
su *hybris*
su obsesión

añil dignificado
somos
—dijo—
por el alado
vuelo del alma
entre ser y no ser

XIX

[...]
hasta que la sombra
        —desbrozadora de incendios—
abandone
        su nervadura terrestre
y le aúlle al cielo
un kyrie
de instigaciones profanas

cántico

a la luz

de un espacio que falta

XX

entre el ser
luminoso
y el sombrío
se abate
un invisible frente
marino
capaz de entrar / corporeizarse
espectral / histriónicamente
entre los impasibles
bucles
de la noche
ávidos / voraces
de cohabitar
las fauces / las entrañas
de las más tortuosas
formas de espera:
sus fallas y oquedades
sus fosos
sus resquicios
sus caries
sus fisuras
sus brechas, sus rendijas
sus huecos, sus ranuras
sus claros, muescas, rajas
y res-
quebrajaduras

XXI

un disfraz
es la coagulación de un cuerpo

la tórpida
constatación
de un fantasma estancado
en un sentido

quieta
trajeada
yegua del día
cuando el hielo se incrusta
en el tejado
terco y punzante
como el entendimiento
en el cuajado
ocre
de su propia nada
bordada
suspendida

*

si un disfraz
es eso

una máscara
no es
sino
coagulación de la
coagulación

hueco
que anida dentro
de un revés
y que carcome
todo entendimiento

pústula
de traducciones

cromo
de la indigencia de ser

oblicua
mortalidad

XXII

cuerpo
    suelo perfecto

navío, ancla y timón

vendaval
    de sobresaltos
        (tanto se ignora)

y esa máquina increada
imponderable
que rige
    reloj de la pasión
el vértigo de estar
el lento irse

XXIII

aguada en tierra de fangales
súbito corro
hendiendo
el oscuro intervalo

túneles
bocas
pasadizos
materia yerta
muescas

tajos
donde van los hambrientos
a enterrar
su exceso   su avaricia
lo que hurga

lo que ahoga
lo que escapa
lo que se revuelca

XXIV

Ya no tartamudea —cuentan.
Tampoco ríe.

Tampoco
vela las armas,
ni su música.

Hacía tiempo que ella
ya no era ella.

Ni él, él
tal como lo conocimos.

Ya no tartamudea
ni vela las armas
ni escribe aquellos
sus
oscuros
cavernosos gemidos
que ella cantaba.

Ya no son ellos
tal
como los conocimos.

XXV

siete son los durmientes,
con el perro, ocho

Mefisto,
perro de aguas

Juan duerme en Éfeso
como Arturo en Ávalon

ninguno de los dos ha muerto

la Muerte, antes,
se cierne   otea
sus párpados transparentes

quien no pueda volar
que a la ley se ciña

quien pueda oír
renazca
al aire de su vuelo

esa es la gnosis

no preguntes
por aquello que se halla
más allá de la razón

no preguntes
por nada

más allá
del aquí y el hoy

crece en silencio
no perturbes
la transformación
del pez

del olvidado nace
una lumbre inmortal

el mensajero
el primer ángel
el de semblante amigo
el verdeante
el viviente
el atalaya

102 años durmió
y renació
la ciudad amada

XXVI

roca lunar
roce secreto
de un pie
infantil
en la siesta del patio

asperezas
recién lavadas

sonámbulo arlequín
pispeando
tras el postigo
más sensual de la casa

XXVII

sedas –ya tanto dichas–

embarcaciones
teas

objetivos

–compás de espera–

y un dios desconocido
–el viento–
para seguir escalando

espumosa
líquida altura

¡arreeee!
¡arreeee!

manada de rojos mastines
conduciendo
la caravana perdida
en el vinoso ponto

XXVIII

con la desenvoltura de un gnomo
reverbera
la silueta de un gato
sobre el tejado bruñido

la línea de su vientre
la pata delantera que se extiende
                / morosa y firme
el perfil del bigote, adivinado
–ni hablemos del misterio
de Egipto y Berenice

...

digamos solamente
su silencio de arena
su asamblea
        de pardas decisiones
su maullarle a la Luna
su escrutar desde el cielo los faroles

un hombre viene y va
un gato queda

tordo perfil contra el azul del cielo
pata extendida
bigote adivinado

la Luna lo sospecha

lo contempla el espacio

XXIX

hasta tener la voluntad de hacer
mejor no deshacer nada

como desovillar un ovillo
sin ovillar

o devanar la madeja
sin devanarla

—lo que es distinto—

Encendidos,
los nombres se interponen

(también los verbos)

                también
algunos dichos prohombres
por prohijar

la estatura depende
de la madre
los vinos
las cigarras

también del cuero
por cuartear

de un lado al otro
del camino

de una banquina
a otra

del

insub-

sisten-

te

nacimiento

de un rosal

en medio de una

marisma

XXX

hincadas las rodillas
en la arena
ofrenda pájaros
que se cierran sobre sí
azules y latientes
como senos

lunas morosas, niebla
renuente
a la desnudez de la playa
al vacilante fulgor
extremo
de las catedrales

el galardón acecha tras la escena
donde perder es ganar
y ganar, hacerse
con el último
jirón de la tarde

Parte 2

I

cierto que acecha
alado
suspendido

entre el follaje el cieno la alborada

el temple
    sumido en su vaivén
como las mieses

cierto que acecha
cierto
vacilante

dentro
de algo / alguien que
de sí
se va y se abate

rumor que vence y se despliega
súbito
sonámbulo
oblicuo
renuente
:
huyente arquitectura
música extrema

II

un son
somos

apenas

una titubeante
nota
sostenida
por la trémula mano
o el aliento
–falto o
cumplido–
de la luz que nos mira

ese vibrato
que
por un instante
irrumpe
no ya en el silencio sino
en el anónimo rumor
tenaz
inacabable
ese tañido
ese encaje
urdido por el tedio

–o la violencia

una hora
de ese reloj hambriento

somos
y aún reímos
y amamos

y tememos
el final de este sueño

III

tras el cristal
–ausente
contraído–
el semblante sumido
en su propia
niebla
–en su vacío–
deja
que el desdén
–quizá el olvido–
le trace
terco
una mueca perenne

IV

apaciguado apenas
el campo
–cascabeles
de lluvia plena–
espectral
recorta
la caravana
su perfil en el cielo

¿migración o danza
de la muerte?

cada cual con su emblema

un compás
un ancla
una armadura

un laurel
un cuaderno

una antorcha
un fuelle
un pez
una madeja

un espejo

una sombra

siluetas espectrales
en las que danza la vida
o quizás una vida
no de aquí

V

bajo la melodiosa geometría celeste
la indefensión reverbera

temblor de pájaros y trigales
penúltima   perfección

cuerpo en calma
sol y sueño

y emanadas de la claridad
algas
como perfumes

VI

quién la Creación crearía
sin menester
de algo en que contemplar
un espacio / tiempo incierto
iluminado

exceso o gnosis

fugacidad
acaso
adivinada
en los pliegues del día

permanencia
robada
acaso
a la era azul de la noche

cuando no había día ni noche
pautando el cielo
sino un desvelo
moroso
único
infinito
escandiendo
el afanoso forjar del demiurgo

cuando ni noche ni día había
y músicas
de otros mundos

como navíos en
mar abierto
conjuraban
el hambre
y la nostalgia
de lo aún increado

VII

algo
como del tiempo
(no)
alboreado
devana aquí
centellas
de esas que
al ir bajando atienden
—sin saber—
al amoroso encuentro
(pedagógico eros)
con otra luz que asciende
y toman de ella
—aspiran, beben
se hunden
se sumergen
en esa luz
ese talento e-
sa capacidad de ser
y dar—
aquello que
habrá de hacer
tan señaladamente
de ellas
—como con ciencia o gracia o alma o
luz infusas—
las luces
que serán

VIII

extendida
frente a las fauces del tiempo
desbroza a voluntad
una playa de arena

entretanto
el sol la mira

un pincel
dibuja
su perfil

y una ola le baña
los pies
y la bendice

acompasado
al imperceptible girar
de la Tierra
–sin sobresalto alguno–
su aliento
traza
un círculo perfecto

IX

acre, densa, cáustica, devorando el diáfano
/ surtidor de la vida

animosa y aullante
niebla
que horada las entrañas

persiste, crece
como punzón
se incrusta
y reverbera

destellos
de dolor
—más: pira
sacrificial
instigando a callar
a deshacerse
nube trepando
la oquedad vertebral

pilar de lava
cenicienta ya
ya helada
que se arremolina y trepa
de las tripas
a la garganta

desmayado fantasma del volcán
que se calló por vergüenza

X

construye
–con la desenvoltura de un
ilusionista–
arboledas de máscaras
y gemidos

áureas
fosforescencias

un tañido punzante
y cavernoso

elfos
inmolándose
en el tenaz chisporroteo
de un incendio
lento
y fantasmal

tiempo hacía
que una mano maestra
urdía en el vacío
la trama
de un miedo innominable

XI

pálida
olvidada
de sí y de los otros
perdida en los meandros
de cualquier ilusión
lee
en el orín de las naves
en las lianas bruñidas del ocaso
en las fallidas cifras de un madrigal
en las rajas leñosas del almendro
en los muros roídos
en la furtiva ópera que urden
lo callado y lo dicho
en el indómito potro
de la noche
insomne
un mapa
de claves inciertas
como pájaros
cerniéndose
en el fortuito cielo
de lo real

XII

ocho son las ofrendas

cuatro
las torres

dos
las sospechas

tres
los caminos

ciento las teas

una el alba altísima ominosa
trémula amaneciente

miles son las esquirlas

una
la fiebre

uno el fulgor

una la fosa

XIII

el ser
el ser acerbo
el ser galvanizado por la resquebrajadura
la obsesión
la falta
–la falta de palabra
o de palabras

el nadie abandonado
jirón de ser, más bien
el ser vitrificado y yerto
venero amortiguado
ahogado
hueco
exangüe

se hinca y bebe hasta agotar
el cuenco del terror que lo atenaza
y lo arrulla y mece y precipita
–ahíto, exhausto, abotargado–
a su horrífica calma

XIV

el hacha en la maniobra
falla un destino:
la viga umbral de la cabaña
el durmiente que aúlla debajo de los rieles
la cuaderna del buque encallado en el fangal

otra canción cantará la rama
que grabe
rosadas nervaduras en la nieve
—efímero tatuaje—;
otra, el leño que encenderá la noche
de rescoldos y sombras y temores;
otra, el vástago que rezume y colme
de aceite
los candiles del templo

un tallo de bambú silba la siesta de un fauno en la
              / brisa ligera de la tarde
una vara de fresno garabatea en el aire el mapa
            / detallado de un santuario
                  —quizás Eleusis
—quizás Todai-ji

del monte en la ladera, un álamo de plata
deja caer sus monedas
sobre las mieses
(*tilín, tilín...*
tilón...)
como un desmayo

y ese duramen recio
que ves allí
caído
pudriéndose en la intemperie
la empuñadura será
de un hacha
que fallará otros destinos

XV

como a golpes de timón
rigen la línea
las gotas
cargadas
de tinta agonizante

aguada desleída, parda y sucia
deslizándose
ocre y silente
por la rugosidad de la grieta
–la urdimbre, el grano–
tallada en el papel

reguero que se precipita
por la sinuosa vertiente
preñando el suelo
–ajeno y ávido–
de líquida memoria

XVI

hurgando en la cuenca en la hondonada en la otoñal
marisma en el fondón en la carena de óxidos velados,
fosos acuosos, pardos, redoblados,
engastando, firme, el témpano, en lo luctuoso, el
vendaval, el párpado, el regreso
tantea y roza
el relente lo verdeante de la roca, de hierba el manto
ensueño desigual, blanco redoble ensangrentado
bajo la mano lunar, incandescente
catedral impasible
bogando aguas abajo
de raso
el crepitar
de esa góndola
de lumbre sobre la piel marina
farol que se desliza y se abre
se empina, embiste y se disipa
airoso tulipán
de fe y de piedra
arreándose
a la deriva

XVII

habría que conjurar una flota bravía para sofocar las huellas
habría que carcomer los fustes del desgarro, el aleteo
                / de la ley y la ira
habría que desdecir la púrpura, el vértigo, el incipiente
misterio de la aurora, la brecha ebúrnea del sueño, las albricias
habría que disputar laureles, tronos, crucifijos,
confundir mensajero, oráculo, tirano y plaga
desviar el vuelo de los buitres y retorcer el cuello
de las madres –las afanosas, parcas, inocentes,
mansas, ateridas, santas madres, siempre
siempre secándose las manos–
que trastrocar habría la trama
incidida en la piedra, urdida
en tinta, en bronce, en el añil
tanta pequeña voz zumbando engaño y fraude
tanto entimema de sangre hurgando bajo el faldón
habría que
habría
que desfacer aporías, puentes, traducciones, vórtices
de vacuidades
y demoler la trampa el poderoso
andamiaje
del desprecio y del miedo

una vez
y otra
y otra
cada una

para izarse

leve
y cierta
y luminosa
esclarecida en sí
y de sí

primera y mágica

XVIII

ahhh, flor radiante
belleza radiante
vibración radiante
agua y temblor
escalofrío y piedra

ahhh mundo y río y sinrazón radiante
millones de estrellas radiantes
noche oscura y radiante
millones de bocas-pétalos
radiantes nubes, peces, pájaros
árboles y selvas
nieve y rocío
torrente, abismo, fuego radiante
musical

oh refulgente
nada
numinosa

lumínico
pan nuestro

XIX

un fin, una forma, una caída
una espera obsecuente
una herida
la blancura bordada sobre el blanco
y la materia muda
asida y derramada
suspendida
en el lienzo
áspero
vibrante opacidad que ciñe, ciega,
la historia ciega que cobija
el territorio
y los nombres enterrados
llameantes aún
como candelas
proyectando su sombra sobre este
tórpido feroz
certero
irrenunciable
aquí y ahora

XX

hambre y
sed de ser

esa urgencia

¿quién ha de negarlo?

matérica
conflagración
–gránulo hadado

una gaveta
un muro
un hangar
...
–la máquina
de las maravillas

pústulas o alimañas de yeso o plata
y una vegetación exuberante y bellida
      en lugar de la razón
–o más:
en su mismísimo seno–

las resacas del día tejen sus pesadillas
–cuentos de gnomos y salamandras
sobre los blancos esteros

...
ser pero ser fugaz

fuga de ser
anclaje en la inconstancia
–como el nombre de un río

sed de entrever
y de asestar
el ojo / el dedo
justo en el hueco
que en su pasar
había dejado la historia

color
sílaba
silencio
fundamento y metal
danza o granito
o bronce
o film
o voz
o sombra o
lumbre

o

cuerda afinada
a una instancia inédita
y revelada

imponderable indigencia
:
ser

espuma, túnel, viento

ley de los llanos cúpula
germinal
en que resuena, armónica
la nada
sobre el murmurante encaje
de la noche

Índice

7 PARTE 1

I.	[en sueños...]	9
II.	[¿humanos?...]	11
III.	[cuando se abrieron las puertas...]	12
IV.	[despacio...]	13
V.	[Estuvo ahí...]	14
VI.	[un puente extendido...]	15
VII.	[como trazados por los dedos...]	16
VIII.	[La diligencia del mago...]	18
IX.	[la prosperidad del alma...]	19
X.	[magnolias...]	20
XI.	[mirada...]	21
XII.	[chocan...]	22
XIII.	[catedrales...]	23
XIV.	[míralas...]	24
XV.	[témpano de oro...]	25
XVI.	[Como en el sueño también...]	26
XVII.	[más allá de los vientos...]	27
XVIII.	[vasijas de la nada...]	29
XIX.	[hasta que la sombra...]	30
XX.	[entre el ser...]	31
XXI.	[un disfraz...]	32
XXII.	[cuerpo...]	34
XXIII.	[aguada en tierra de fangales...]	35
XXIV.	[Ya no tartamudea...]	36
XXV.	[siete son los durmientes...]	37

XXVI.   [roca lunar...] 39
XXVII.   [sedas...] 40
XXVIII.   [con la desenvoltura de un gnomo...] 41
XXIX.   [hasta tener la voluntad de hacer...] 42
XXX.   [hincadas las rodillas...] 44

45 Parte 2

I.   [cierto que acecha...] 47
II.   [un son...] 48
III.   [tras el cristal...] 50
IV.   [apaciguado apenas...] 51
V.   [bajo la melodiosa...] 53
VI.   [quién la Creación crearía...] 54
VII.   [algo...] 56
VIII.   [extendida...] 57
IX.   [acre, densa, cáustica...] 58
X.   [construye...] 59
XI.   [pálida...] 60
XII.   [ocho son las ofrendas...] 61
XIII.   [el ser...] 62
XIV.   [el hacha en la maniobra...] 63
XV.   [como a golpes de timón...] 65
XVI.   [hurgando en la cuenca...] 66
XVII.   [habría que conjurar...] 67
XVIII.   [ahhh, flor radiante...] 69
XIX.   [un fin, una forma, una caída...] 70
XX.   [hambre y...] 71